NAVIDAD

TODO SOBRE
LOS RENOS

KRISTEN RAJCZAK NELSON
TRADUCIDO POR ESTHER SARFATTI

PowerKiDS press™

NEW YORK

Published in 2020 by The Rosen Publishing Group, Inc.
29 East 21st Street, New York, NY 10010

First Edition

Translator: Esther Sarfatti
Editor, Spanish: Ana María García
Book Design: Reann Nye

Photo Credits: Cover Victor Maschek/Shutterstock.com; p. 5 ALEXEY GRIGOREV/Shutterstock.com; p. 7 Shchipkova Elena/Shutterstock.com; p. 9 SeM/Universal Images Group/Getty Images; p.11 powerofforever/DigitalVision Vectors/Getty Images; p. 13 Espen Solvik Kristiansen/Shutterstock.com; p. 15 New York Daily News Archive/New York Daily News/Getty Images; p. 17 GraphicaArtis/Archive Photos/Getty Images; p. 19 https://commons.wikimedia.org/wiki/File:Hermey_the_elf_and_Rudolph.jpg; p. 21 Vladimir Melnikov/Shutterstock.com; p. 22 Yuganov Konstantin/Shutterstock.com.

Cataloging-in-Publication Data

Names: Rajczak Nelson, Kristen.
Title: Todo sobre los renos / Kristen Rajczak Nelson.
Description: New York : PowerKids Press, 2020. | Series: Es Navidad | Includes glossary and index.
Identifiers: ISBN 9781725305267 (pbk.) | ISBN 9781725305311 (library bound) | ISBN 9781725305274 (6pack)
Subjects: LCSH: Reindeer—Juvenile literature.
Classification: LCC QL737.U55 R35 2020 | DDC 599.65'8—dc23

CPSIA Compliance Information: Batch #CSPK19. For Further Information contact Rosen Publishing, New York, New York at 1-800-237-9932.

CONTENIDO

ARRIBA EN EL TEJADO

¡Es Nochebuena! ¿Qué es ese ruido en el tejado? Hace casi 200 años que se cuentan historias de los renos que tiran del trineo de Santa en Navidad. Estas historias se cuentan en canciones, películas y libros durante las fiestas navideñas, aunque existen diferentes puntos de vista acerca de cómo se convirtieron en un **símbolo** de la Navidad.

5

LOS RENOS DEL PASADO

Los renos son un tipo de ciervo más conocido como *caribú* en Norteamérica. Viven en lugares fríos, como Groenlandia, Rusia y Alaska. La gente los ha cazado durante mucho tiempo para utilizar su piel y su carne. De hecho, el pueblo lapón o saami al norte de Europa, ¡lleva miles de años **pastoreando** renos!

Hay quien considera que los cuentos navideños sobre renos vienen de las fiestas y **costumbres** de invierno de ciertos pueblos **antiguos**. Otros señalan a la **mitología**. Las historias nórdicas cuentan que el dios Thor viajaba en un **carro** volador tirado por dos cabras. Es posible que los renos navideños sean una mezcla de todas estas cosas.

SANTA

La historia moderna de Santa y sus renos probablemente venga de un **poema** que apareció en la década de 1820. *Una visita de San Nicolás* cuenta la historia de la llegada de Santa con "ocho pequeños renos". También menciona los nombres de los renos, aunque dos de ellos han cambiado. En un principio, ¡Donner y Blitzen eran Dunder y Blixem!

11

ALASKA Y UN GRAN NEGOCIO

A mediados del siglo XIX, se llevaron miles de renos de Noruega a Alaska. Esto se hizo para ayudar al pueblo inuit, que no tenía suficiente comida. Poco tiempo después, un hombre de negocios llamado Carl Lomen pensó que podría ganar mucho dinero con los renos vendiendo su carne y su piel.

13

Su idea de negocio no tuvo éxito,
pero Lomen tuvo un papel importante
al **vincular** a los renos con Santa.
En 1926, trabajó para los almacenes
Macy's en un gran desfile. Se usaron renos
de verdad para tirar del trineo de Santa.
La idea era **promocionar** el negocio
de Lomen, sin embargo, ¡mostraron
a los estadounidenses un cuento
hecho realidad!

EL NOVENO RENO

Otra historia que tiene mucho que ver con los renos navideños es la de Rodolfo. En 1939, los almacenes Montgomery Ward publicó un libro para colorear acerca de un reno de nariz roja llamado Rodolfo. El almacén regaló este libro a sus clientes durante las Navidades. El primer año, ¡cerca de 2.4 millones de personas había recibido una copia del libro!

Un compositor decidió escribir una canción basada en el cuento de Rodolfo. La **versión** más conocida fue la del cantante Gene Autry, de 1949. En 1964, ¡el cuento y la canción se utilizaron para hacer una película! *Rodolfo, el reno de la nariz roja* todavía se puede ver en televisión durante las fechas navideñas.

19

MÁS RENOS

Aunque los nueve renos de Santa, de los que se habla en la canción de 1949, son los más conocidos, ¡no son los únicos! A lo largo de los años, han habido otras historias que nombraban los renos de Santa. L. Frank Baum, el autor de *El mago de Oz,* escribió su propio cuento. Flossie y Glossie son algunos de los nombres de sus renos.

¿RENOS VOLADORES?

Los renos son animales **majestuosos** que puedes ver en muchos zoológicos. ¿Pero realmente son capaces de tirar del trineo de Santa en Navidad? Con la magia de estas fechas y tu imaginación, ¡todo es posible! Así que, si oyes ruidos extraños en tu tejado, durante la Nochebuena, tú decidirás en qué creer. ¡Tal vez sean renos!

GLOSARIO

antiguo: algo que existe desde hace mucho tiempo.

carro: un coche de dos ruedas tirado por animales como caballos.

costumbre: una acción o forma de comportarse que es común entre la gente de cierto grupo o lugar.

majestuoso: grande y muy elegante.

mitología: los mitos, o historias, de un grupo de personas.

poema: un escrito que a veces tiene rima.

promocionar: hacer que la gente conozca algo.

pastorear: cuidar del ganado.

símbolo: algo que representa otra cosa.

versión: manera diferente de hacer algo a como se hizo antes.

vincular: unir o relacionar dos cosas.

ÍNDICE

SITIOS DE INTERNET

Debido a que los enlaces de Internet cambian constantemente, PowerKids Press
ha creado una lista de sitios de Internet relacionados con el tema de este libro.
Este sitio se actualiza con regularidad. Por favor, utiliza este enlace para acceder
a la lista: www.powerkidslinks.com/IC/reindeer

24